Armin Täubner

GANZ IN GOLD

WEIHNACHTLICHE FENSTERBILDER

frechverlag

Von dem beliebten Autor Armin Täubner sind im frechverlag zahlreiche andere Titel erschienen. Hier eine Auswahl:

TOPP 1845

TOPP 1848

TOPP 1850

TOPP 1982

TOPP 1976

TOPP 1980

Fotos: frechverlag GmbH + Co. Druck KG, 70499 Stuttgart; Birgitt Gutermuth
Zeichnungen und Illustrationen: Armin Täubner

Auflage: 5. 4. 3. | Letzte Zahlen
Jahr: 1999 98 97 96 | maßgebend

frechverlag GmbH + Co. Druck KG, 70499 Stuttgart

ISBN 3-7724-1983-6 · Best.-Nr. 1983

Druck: frechverlag GmbH + Co. Druck KG, 70499 Stuttgart

Ganz in Gold zeigt sich in diesem Buch alles, was Ihre Advents- und Weihnachtszeit verschönern soll! Armin Täubner hat ganz unterschiedliche Materialien bearbeitet, die aber eines gemeinsam haben:
Alles leuchtet in Gold!
Glanzkarton, Kreppapier, die Relieffarbe COLORPOINT Pearl, Klebesternchen, goldgelbe Wellpappe, ... damit entstehen festlich schöne Fensterbilder, die oft in einem Stück gearbeitet werden, so daß durch die schlichten Formen der Goldeffekt noch besser zur Geltung kommen kann!

Auf den Seiten 4 bis 6 finden Sie zahlreiche Schritt-für-Schritt-Aufnahmen, die für jedes Material genaue Arbeitsanleitungen geben, so daß Ihrer goldenen Festtagszeit nichts mehr im Wege steht!

Goldener Glanzkarton

1

2

3

Für das Übertragen eines Motivs auf goldenen Glanzkarton haben Sie zwei Möglichkeiten:

1. Sie pausen das Motiv mit Zirkel, Lineal und Bleistift auf Transparentpapier ab; dann wird das Transparentpapier mit einem Klebestift auf einem dünnen Karton fixiert. Schneiden Sie das Motiv exakt mit Cutter und/oder Schere aus. Diese Schablone wird auf die weiße Rückseite des Glanzkartons gelegt, und die Konturen werden mit Bleistift nachgezogen. Nun können Sie das Motiv mit Cutter und Schere ausschneiden.

2. Bei der zweiten Methode fertigen Sie eine Fotokopie des Motivs an und fixieren diese mehrfach mit dem Klammerhefter auf der goldenen Seite des Glanzkartons. Achten Sie aber darauf, daß die Klammern außerhalb des Motivs sitzen! Legen Sie nun den Karton auf die Schneideunterlage.
Die Konturen werden mit dem Cutter durch die Fotokopie hindurch geschnitten, wobei Sie stets die kleinsten Innenflächen zuerst herausarbeiten sollten.

Tip: *Wenn Sie Vorder- und Rückseite in Gold haben wollen, kleben Sie zwei Bogen Glanzkarton mit einem Klebestift Rücken an Rücken aufeinander.*

3. Abschließend können Sie die ausgeschnittenen Sterne noch mit COLORPOINT Pearl verzieren. Die Farbpunkte wölben sich nach dem Auftupfen aus dem Fläschchen zu kleinen Halbkugeln. Durch gleichmäßigen Druck auf das Fläschchen werden die Punkte beim Auftragen alle etwa gleich groß.

★★★★★

Goldenes Alu-Kreppapier

1. Bestreichen Sie gelben Tonkarton einseitig mit einem Klebestift. Nun wird der Goldkrepp aufgelegt und glattgestrichen, und zwar längs zur Kreppstruktur.

2. Vom Motiv wird eine Kartonschablone angefertigt, d.h. es wird vom Vorlagenbogen abgepaust, das Transparentpapier auf dünnen Karton geklebt und das Motiv ausgeschnitten.
Der Umriß der Schablone wird mit Bleistift auf die gelbe Rückseite des zuvor mit Goldkrepp beklebten Kartons übertragen. Beachten Sie auch hier den Verlauf der Kreppstruktur! Nun wird das Motiv mit Cutter bzw. Schere ausgeschnitten. Sie können auch die Motivrückseite mit Goldkrepp bekleben und dann ausschneiden.

Goldenes Alu-Kreppapier

1

2

3

3. Zum Schluß werden die Fensterbilder und Anhänger mit Goldsternchen (aus dem Fachhandel) beklebt.

Gelbe Wellpappe mit Glitter

1. Fertigen Sie vom Motiv eine Kartonschablone an. Diese Schablone wird auf die Rückseite der gelben Wellpappe gelegt und der Umriß mit Bleistift nachgezogen. Beachten Sie beim Auflegen den Verlauf der Wellpappestruktur! Schneiden Sie nun mit Cutter und Schere das Motiv aus. Kleben Sie dieses Motivteil mit der Rückseite auf die Rückseite eines zweiten gelben Wellpappestücks. Auch hier muß der Verlauf der Wellenstruktur berücksichtigt werden.

2. Schneiden Sie nun dieses aufgeklebte Wellpappeteil ebenfalls aus. Die Innenflächen können Sie entweder herausschneiden oder aber stehenlassen und nur die äußere Kontur des Fensterbildes oder Anhängers nacharbeiten.

3. Jetzt kann das Motiv mit Malglitter (TULIP Glitter) bemalt werden. Der Malglitter sieht beim Auftragen etwas trübe oder milchig aus, doch der darin enthaltene Klebstoff trocknet farblos auf, so daß dann nur noch der Glitter sichtbar ist.

1

2

3

In den noch feuchten Glitter werden Goldsternchen gedrückt, die Sie im Fachhandel erhalten. Die Sternchen können allerdings auch noch nachträglich angeklebt werden.

Kerzenglanz

Gelbe Wellpappe
Goldener Malglitter
Goldsternchen

Ob Sie die Innenfläche herausschneiden oder stehenlassen und mit Glitter bestreichen, können Sie ganz nach Geschmack entscheiden.

Die Goldsternchen werden in den noch feuchten Malglitter gedrückt oder später aufgeklebt.

Glockenbaum

Gelbe Wellpappe
Goldener Malglitter

Das Vorderteil mit den herausgeschnittenen Sternen wird mit goldenem Glitter bemalt. Ist der Glitter aufgetrocknet, kleben Sie dieses Vorderteil Rücken an Rücken auf ein zweites gelbes Wellpappeteil. Diesmal werden die Sterne jedoch nicht ausgeschnitten! Die Aufhängeöse stanzen Sie mit einer Lochzange aus.

Himmelsbote

Goldener Glanzkarton
COLORPOINT Pearl, Gold

Beide Engel sind bis auf den Rahmen identisch. Schneiden Sie zuerst die Kerzenflamme heraus. Anschließend wird die Kontur des Engels mit dem Cutter nachgearbeitet. Es folgen die innere und die äußere Kreislinie des Rahmens. Mit goldenem COLORPOINT Pearl können Sie noch Muster auf Kleidung und Rahmen tupfen.

Goldene Herzen

Gelbe Wellpappe
Goldener Malglitter
Goldsternchen

Diese Herzen sind ganz einfache Formen, die auch ausschließlich mit der Schere gearbeitet werden können. Vielleicht schneiden Sie auch eine herzförmige Öffnung in die Mitte!? Diese müßte dann aber bereits beim Erstellen der Kartonschablone berücksichtigt werden. Die kleinen Goldherzen können Sie als Geschenkanhänger verwenden. Malglitter und Goldsternchen lassen Ihre herzliche Arbeit noch zusätzlich glitzern!

Sternengruß

Goldener Glanzkarton
COLORPOINT Pearl, Gold

Für sämtliche Schneidearbeiten an diesem Glanzkartonstern wird der Cutter verwendet. Zuerst werden die Innenflächen herausgearbeitet. Beim gezackten Umriß des Sterns schneiden Sie stets von der Mitte zu den Spitzen hin. Zum Schluß können die Ränder mit COLORPOINT Pearl nachgetupft werden.

Weihnachtsbaum

Goldener Glanzkarton
COLORPOINT Pearl, Gold

Schneiden Sie zuerst die Sterne heraus; es folgen die Kerzenflammen. Nun werden die Konturen der Kerzen und des Baumes und schließlich des Rahmens nachgearbeitet.

Heilige Nacht

Gelbe Wellpappe
Goldener Malglitter
Goldsternchen

Kleben Sie das ausgeschnittene Vorderteil des Motivs Rücken an Rücken auf ein zweites Wellpappeteil. Nun können Sie entweder den Himmel herausschneiden (Foto), oder Sie bestreichen ihn nur mit Malglitter. Zum Schluß wird der Umriß des Fensterbildes mit der Schere nachgearbeitet. Bemalen Sie das Motiv mit Glitter; solange er noch feucht ist, bringen Sie die Goldsternchen an.

Gelbe Wellpappe
Goldener Malglitter

Bei diesem Motiv gibt es mehrere Variationsmöglichkeiten: Die sternförmige Innenfläche kann entweder nur auf der Vorderseite (Foto), auf beiden Seiten oder gar nicht herausgeschnitten werden. Der kleine Stern läßt sich auch versetzt auf die Innenfläche des großen Sterns kleben.

Kerzenlicht

Goldener Glanzkarton

Schneiden Sie mit dem Cutter zuerst die Innenfläche des Kerzenscheins heraus; es folgen die kleinen Flächen zwischen den Sternen und dem Rand. Zuletzt wird der äußere Rand nachgearbeitet.

Engelskerze

Goldener Glanzkarton
COLORPOINT Pearl, Gold

Mit dem Cutter werden zuerst die Sterne herausgeschnitten. Es folgen Docht und Kerzenflamme. Schneiden Sie nun die Kontur von Kerzenschein, Kerze und Engel nach. Für das Nacharbeiten der äußeren Kontur des Fensterbildes können Sie auch eine Schere verwenden.
Mit COLORPOINT Pearl werden zum Schluß noch einige goldene Akzente gesetzt.

Übrigens: Auf der Titelseite finden Sie dieses Motiv in goldenem Alu-Kreppapier gearbeitet, das auf gelben Tonkarton geklebt wurde.

Weihnachtsläuten

Goldenes Alu-Kreppapier
Gelber Tonkarton

Achten Sie beim Auflegen der Schablonen auf den mit Goldkrepp beklebten Karton darauf, daß die Kreppstruktur entweder senkrecht oder waagrecht verläuft. Schneiden Sie zuerst die Innenflächen der Glocke aus; es folgen die kleinen Flächen am Rahmen. Anschließend wird die Fläche um die Glocke entfernt. Für den äußeren Rand verwenden Sie am besten eine Schere. Denken Sie beim Aufkleben der vier Sterne daran, daß die Kreppstruktur nach Ihrem Geschmack verlaufen sollte.

Stall zu Bethlehem

Goldenes Alu-Kreppapier
Gelber Tonkarton
Goldsternchen

Bekleben Sie den unteren Dach- und den oberen Krippenrand jeweils mit einem Goldkrepp-Kartonstreifen; die Struktur der beiden Streifen sollte quer zu der des Stalles verlaufen. Nun wird der Komet am Dach fixiert. Für das Aufkleben der Sternchen verwenden Sie am besten eine Pinzette.

Adventsleuchten

Goldenes Alu-Kreppapier
Gelber Tonkarton
Goldsternchen

Der Kerzendocht kann entweder herausgeschnitten oder aufgeklebt werden. Ein schmaler Goldkreppstreifen trennt Kerze und Kerzenhalter. Achten Sie darauf, daß hier der Verlauf der Kreppstruktur quer zur Struktur der Kerze ist. Nun wird der Kerzenschein mit sechs kleineren Sternen beklebt. Zwischen diesen Sternen können Sie noch Goldsternchen anordnen; mit weiteren Sternchen wird der Kerzenständer geschmückt.

Sternenhimmel

Goldener Glanzkarton
COLORPOINT Pearl, Gold

Der Stern wird Fläche für Fläche von der Mitte nach außen mit dem Cutter ausgeschnitten. Abschließend können Sie noch goldene Punkte mit COLORPOINT Pearl auftupfen. Achten Sie auf gleichmäßige Abstände zwischen den Punkten!

Kerzenbaum

Goldenes Alu-Kreppapier
Gelber Tonkarton
Goldsternchen

Bekleben Sie auch die Rückseite des fertig ausgeschnittenen Motivs mit Goldkrepp, und schneiden Sie dann die Konturen nochmals nach: Dann sieht Ihr Kerzenbaum sowohl auf der Vorder- als auch auf der Rückseite gleich hübsch aus! Abschließend werden noch Goldsternchen aufgeklebt.